만화로 보는
그리스 로마 신화
❷
위기의 신들

만화로 보는 그리스 로마 신화 2

초판 1쇄 발행 2023년 8월 30일

지은이 김재훈

펴낸이 조기흠
책임편집 김혜성 / **기획편집** 이수동, 최진, 박소현
마케팅 정재훈, 박태규, 김선영, 홍태형, 임은희, 김예인 / **제작** 박성우, 김정우
디자인 표지 이기섭 본문 이슬기

펴낸곳 한빛비즈(주) / **주소** 서울시 서대문구 연희로2길 62 4층
전화 02-325-5506 / **팩스** 02-326-1566
등록 2008년 1월 14일 제 25100-2017-000062호

ISBN 979-11-5784-694-8 04920
979-11-5784-692-4 세트

이 책에 대한 의견이나 오탈자 및 잘못된 내용에 대한 수정 정보는 한빛비즈의 홈페이지나
이메일(hanbitbiz@hanbit.co.kr)로 알려주십시오. 잘못된 책은 구입하신 서점에서 교환해드립니다.
책값은 뒤표지에 표시되어 있습니다.

🏠 hanbitbiz.com 📘 facebook.com/hanbitbiz Ⓝ post.naver.com/hanbit_biz
▶ youtube.com/한빛비즈 📷 instagram.com/hanbitbiz

Published by Hanbit Biz, Inc. Printed in Korea
Copyright ⓒ 2023 김재훈 & Hanbit Biz, Inc.
이 책의 저작권과 출판권은 김재훈과 한빛비즈(주)에 있습니다.
저작권법에 의해 보호를 받는 저작물이므로 무단 복제 및 무단 전재를 금합니다.

지금 하지 않으면 할 수 없는 일이 있습니다.
책으로 펴내고 싶은 아이디어나 원고를 메일(hanbitbiz@hanbit.co.kr)로 보내주세요.
한빛비즈는 여러분의 소중한 경험과 지식을 기다리고 있습니다.

GREEK & ROMAN MYTHS

만화로 보는
그리스 로마 신화

위기의 신들

김재훈 글·그림

── 서문 ──

강대진(경남대학교 연구교수)

사람들은 대개 신화를 옛날이야기라고 생각하지만, 사실 신화는 현재에 대한 설명이다. 신화는, 세상이 어쩌다 지금 같은 모습을 지니게 되었는지, 이러한 질서가 유지되는 이유는 무엇인지를 설명하는 이야기이다.

신화가 이야기 형식을 갖추게 된 이유는 아마도 기억의 편의성 때문이겠다. 이야기로 흐름을 만들어야 기억이 잘 되는 법이니까. 기억을 도와주는 장치 중 하나가 운율인데, 신화는 금방 운율에 얹어 이야기를 들려주는 문학 장르인 서사시가 되었다.

한데 이야기에는 주인공이 필요하다. 그래서 신화는 태초의 거대한 힘과 세계 구성 요소들을 인간 모습으로 그렸다. 어떤 것은 너무 거대해서 우리 시야에 넣을 수조차 없었다. 여러분이 펼치고 있는 이 책의 첫 장면부터 그렇다. 이 거대한 존재들은 자기들끼리 갈등하고 협력하고, 투쟁하고 타협한다. 현대적으로 말하자면 태초의 에너지와 원소들의 순환, 결합, 분열을 그런 식으로 표현한 셈이다.

처음엔 불분명한 형태를 가진 우주적 규모의 커다란 존재들이 등장한다. 밤과 카오스, 땅과 하늘, 타르타로스 등이 그러하다. 시간이 가면서 등장인물은 점차 인간 모습의 신들로 대체된다. 모습은 좀 더 분명해지고, 크기는 점차 인간에 가까워진다. 올림포스 신들의 모습이다. 이들은 우리와는 분리된 세계에 머물며 살아간다. 하지만 곧 인간 영웅들이 생겨나면서 올림포스의 이야기 배경은 지상으로 내려온다. 그 과정에서 자연적 질서와 구별되는 인간적 질서가 다뤄진다. 우선적으로 세상은 어쩌다 질서 있는 것이 되었나를 생각하고, 이어서 우리는 어떤 질서에 따라 살아야 하는지를 생각해 보는 것이다. 신화를 체계적으로 정리한 고대의 작가들은 모두 이 패턴을 따라갔다. 독자들은 그것을 이 책의 매 장마다 인용된 원전에서 확인할 수 있을 것이다.

지금 독자들이 펼친 책은 긴 이야기의 앞부분이다. 이 책은 고대 저자들을 따라 세계 역사의 시작까지 올라가고, 거기서부터 다시 현재까지 이야기를 끌어오는 중이다. 이 책은 아직은 구체적 인간이 등장하기 전까지만 다루고 있어, 우선 인간이란 종이 나타난

순간과 그들이 문명을 만들어가는 데 도움을 준 프로메테우스, 인간 종에게 불행이 닥친 이유, 대홍수와 인류의 재생까지만 다룬다. 앞으로 좀 더 개별화된 신들과 영웅들이 나와서 조금은 더 우리에 가까운 사건들을 보여줄 것이다. 후속작이 기대되는 대목이다.

　이 책의 장점이 여럿 있지만 나는 우선 이야기 틀에 대해 칭찬하고자 한다. 이 책이 택한 이야기 방식에는 특별한 점이 두 가지 있다. 하나는 이야기를 앞에서부터 시간순에 따라 단순하게 펼치지 않았다는 점이다. 즉 '옛날 옛날 먼 옛날에~'로 시작해서 '행복하게 살았다더라'로 끝나는 단순한 이야기 방식을 택하지 않았다. 이런 순차적 진행은 아리스토텔레스가 <시학>에서 권고한 기승전결에 가깝다. 이 책은 그 방식을 거부하고 좀 더 현대적인 방식(비-아리스토텔레스 시학)을 택했다. 이 책의 첫 장면은, 저자가 들려주는 이야기의 상당히 뒷부분에 나올 내용이다. 독자는 호기심을 품고서, 어떤 경로를 통해 그 장면에 도달했는지를 추적하게 될 것이다.

　또 하나의 특이점은 이야기가 한 겹이 아니라 두 겹이라는 점이다. 즉, 작가가 사건 이야기를 직접 들려주지 않고, 사건 관련자들이 차후에 한자리에 모여 과거를 회상하고 토론하는 방식을 택했다. 바로 영화 대본으로 사용해도 좋은 방식이다. 그렇다고 '예술영화'처럼 따라가기 어렵지는 않으니 걱정 마시라.

　김재훈 작가의《만화로 보는 그리스 로마 신화1: 올림포스 연

대기》도 그랬지만, 고전 작품을 직접 인용하여 이야기 근거를 확인하고, 독자로 하여금 '심화 학습'을 할 수 있게 한 것도 나로서는 좋게 생각한다. 헤시오도스, 아폴로도로스, 오비디우스 등은 사실 교양인이라면 모두 알아야 하는 기본 저술의 저자들이다. 이 책의 각 장 제목 곁에 맛보기로 소개된 내용들은 독자들을 고대 저자들에게로, 그들의 원전으로 안내하는 좋은 가이드가 될 것이다.

개인적으로 이 책에서 마음에 드는 대목이 또 있다. 이 책의 작가가 매우 박식하다는 점이다. 현대의 여러 작가와 작품을 은근히 인용하며 독자를 지적으로 자극하고, 매우 수준 높은 유머를 시전한다. 만화라는 '부담 없는' 장르에서 그런 교양 있는 농담을 발견하는 건 독자로서도 기분 좋은 경험이고, 스스로도 한번 모방해 보고 싶은 새로운 시도다.

내용이 충실하고, 고전 인용으로 발디딤이 튼실하고, 그림체도 훌륭하고, 설정도 깊이가 있다. 게다가 수준 높은 유머까지. 신화에 입문하는 분들에게 좋은 길잡이가 되고, 이미 많이 공부한 분들에게도 새로운 방식의 복습서가 되겠다. 앞으로 긴 시리즈로 계속 나와주었으면 싶다, 그것도 되도록 길게.

2023년 여름

차례

| 서문 | | 004 |

제1장	제우스의 회상	010
제2장	전쟁의 기억	022
제3장	프로메테우스라는 이름	034
제4장	같은 생각	046
제5장	흙으로…	058
제6장	땅의 자식	070
제7장	균열	082
제8장	아테나의 한숨	094
제9장	선물	106
제10장	판도라	118
제11장	걸려들다	130
제12장	뚜껑 열리다	142

제13장	희망의 두 얼굴	154
제14장	빌미	166
제15장	홍수	178
제16장	형벌	190
제17장	전쟁의 서막	202
제18장	기간토마키아	214
제19장	소환되는 헤라클레스	226
제20장	일단락	238
제21장	끝나지 않은…	250
제22장	튀폰	262
제23장	헤르메스의 재능	274
제24장	끝	286
제25장	남겨진 신탁	300

에필로그	312
작가의 말	315
참고문헌	320

제1장
제우스의 회상

―

"튀폰은 똬리들로 감아
제우스를 붙잡고 낫을 빼앗아
제우스 손발의 힘줄을 끊은 다음
어깨에 떠메고 바다를 지나
킬리키아로 가서는
코뤼키온 동굴에 이르러 내려놓았다."
- 아폴로도로스, 《비블리오테케》

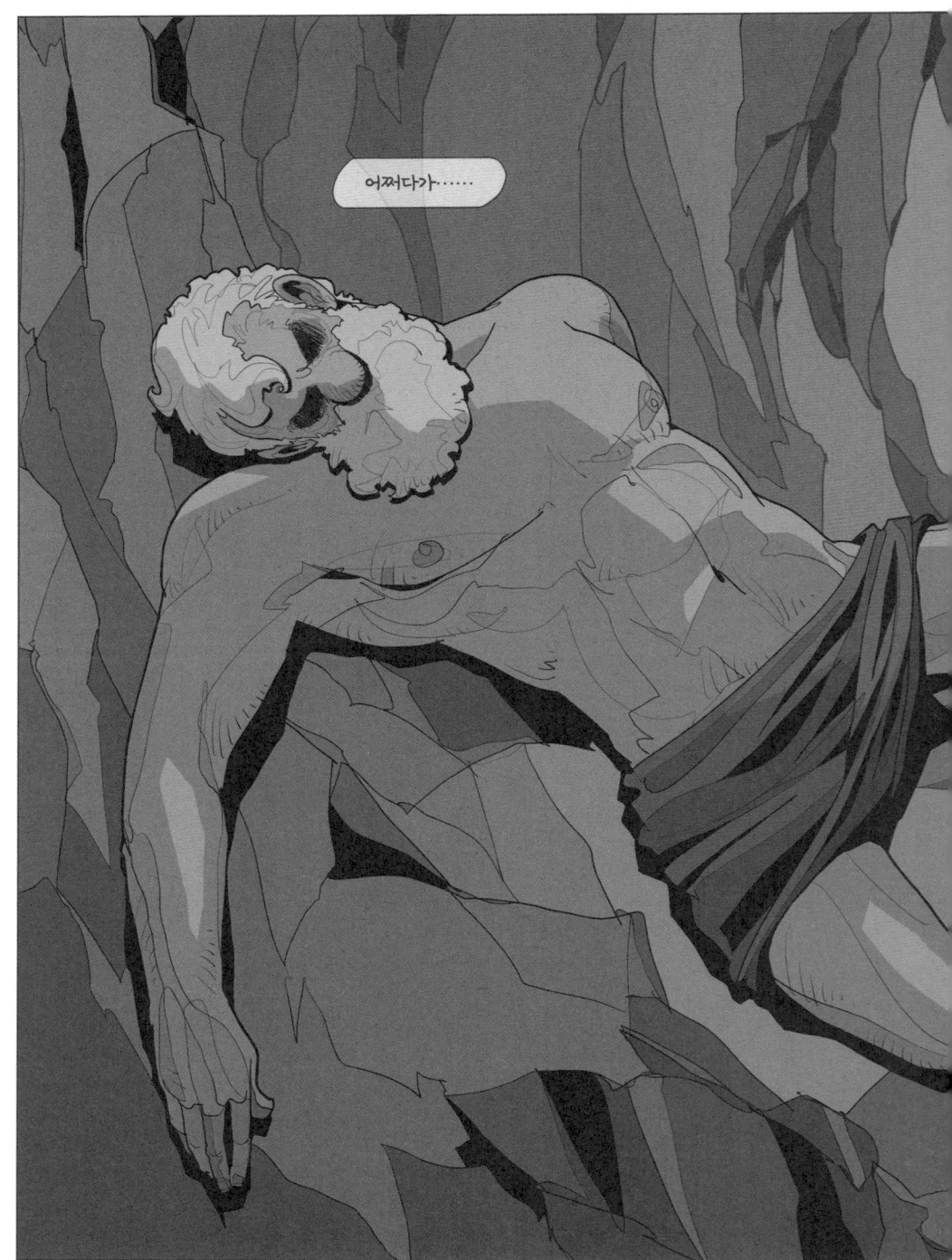

마치 이런 느낌?

제2장
전쟁의 기억

"기가스들은 제우스의 벼락을 맞고 죽었다.
그리고 그들은 모두 죽을 때
헤라클레스의 화살을 맞았다."
- 아폴로도로스, 《비블리오테케》

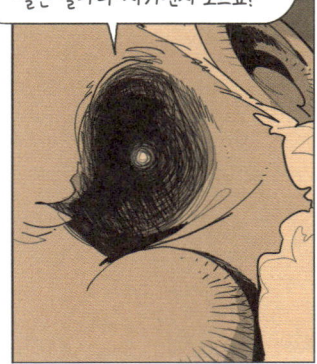

제3장
프로메테우스라는 이름

"제우스께서는 또 꾀 많은 프로메테우스를
끊을 수 없는 고통스러운 사슬의 기둥
한가운데로 집어넣어 결박하시고는 그에게
긴 날개의 독수리 한 마리를 보내셨다.
그리하여 독수리가 그의 불멸의 간을 쪼아 먹었으나,
밤이 되면 그의 간은 긴 날개의 새가
낮 동안 쪼아 먹은만큼 사방으로 자라났다."

- 헤시오도스, 《신들의 계보》

제4장
같은 생각

"들에서 야영하는 목자들이여,
불명예스러운 자들이여, 배뿐인 자들이여,
우리는 진실처럼 들리는 거짓말을
많이 할 줄 아노라. 그러나 우리가 원하기만 하면
진실도 노래할 줄 아노라."

- 헤시오도스, 《신들의 계보》

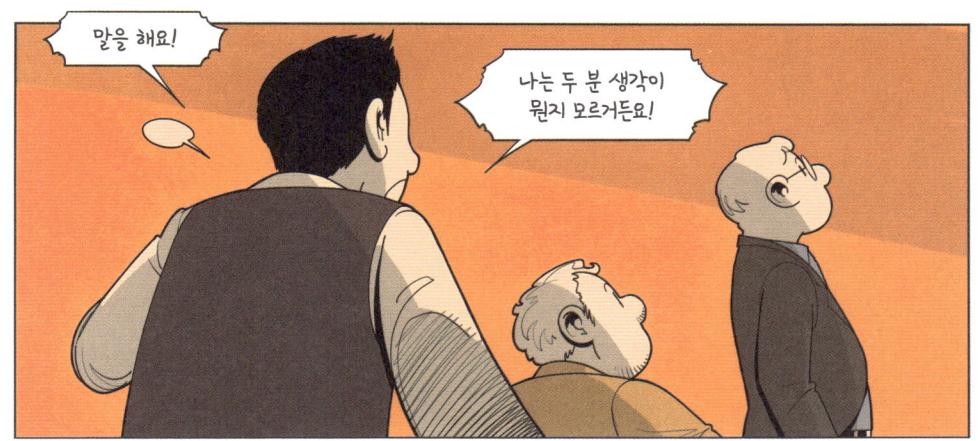

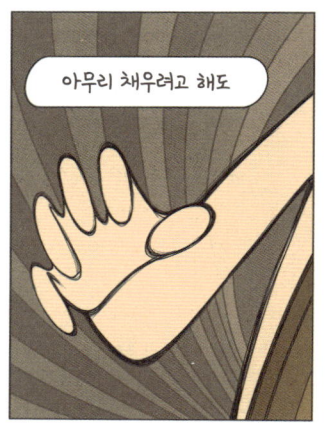

제5장
흙으로…

"갓 생긴 대지가 높은 곳에 있는
아이테르에서 최근에 떨어져 나와
아직은 친족인 하늘의 씨앗을 간직하고 있었는데
그 대지를 이아페토스의 아들이
빗물로 개어서는 만물을 다스리는
신들의 모습으로 인간을 빚었을 수도 있다."
- 오비디우스, 《변신 이야기》

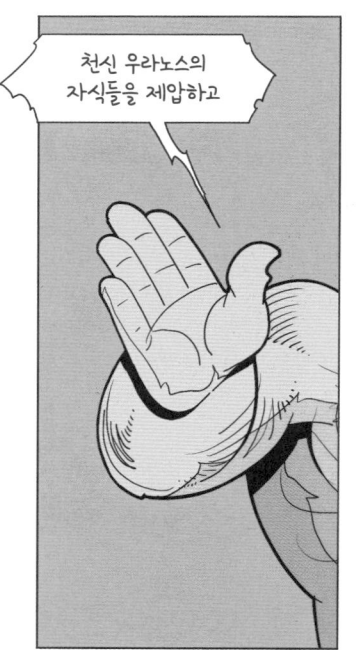

제6장
땅의 자식

"대지에서 안개 낀 타르타로스까지는 그만큼 멀었다.
왜냐하면 하늘에서 떨어진 청동모루가
아홉 밤 아홉 낮을 지나 열흘째 되는 날
대지에 닿고, 다시 청동모루가 대지에서
아홉 밤 아홉 낮을 떨어져야
열흘째 되는 날 타르타로스에 닿기 때문이다."

- 헤시오도스, 《신들의 계보》

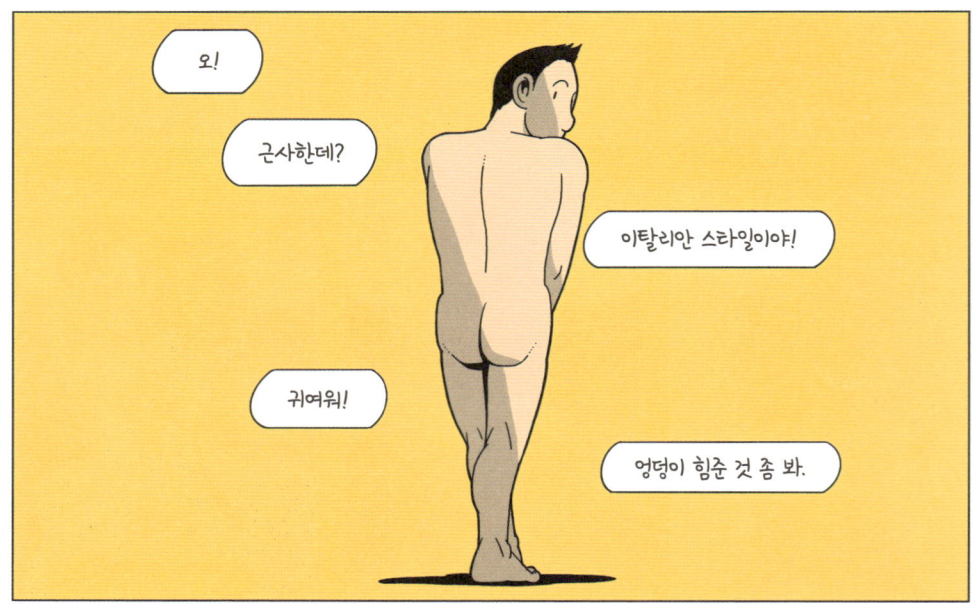

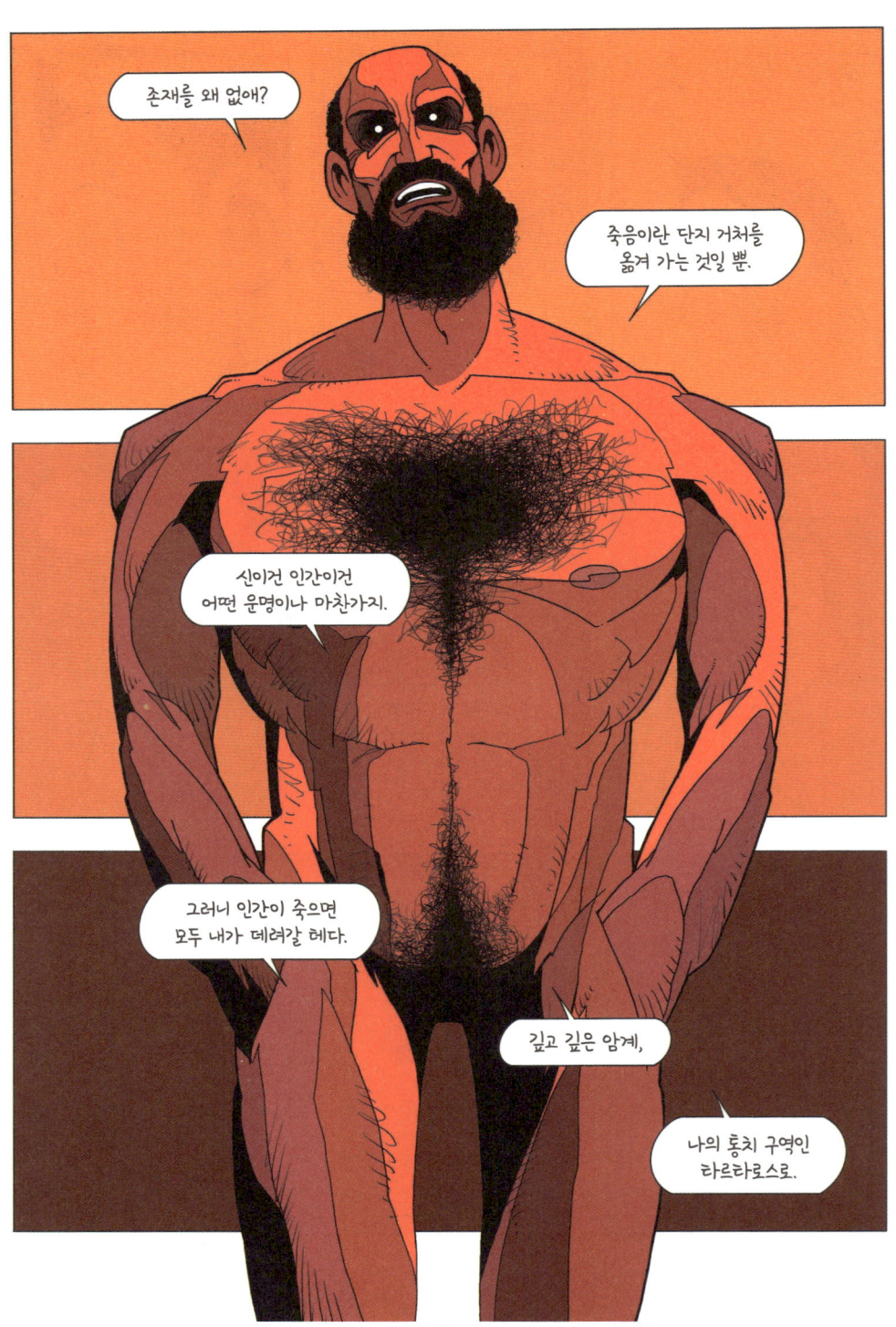

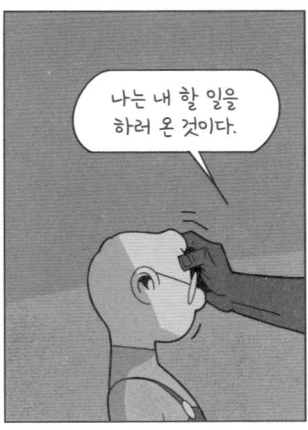

제7장
균열

―

"프로메테우스는 물과 흙으로
인간들을 빚은 다음
제우스 몰래 회향풀의 줄기에 감춰두었던 불을
인간들에게 주었다."
- 아폴로도로스, 《비블리오테케》

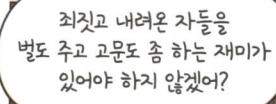

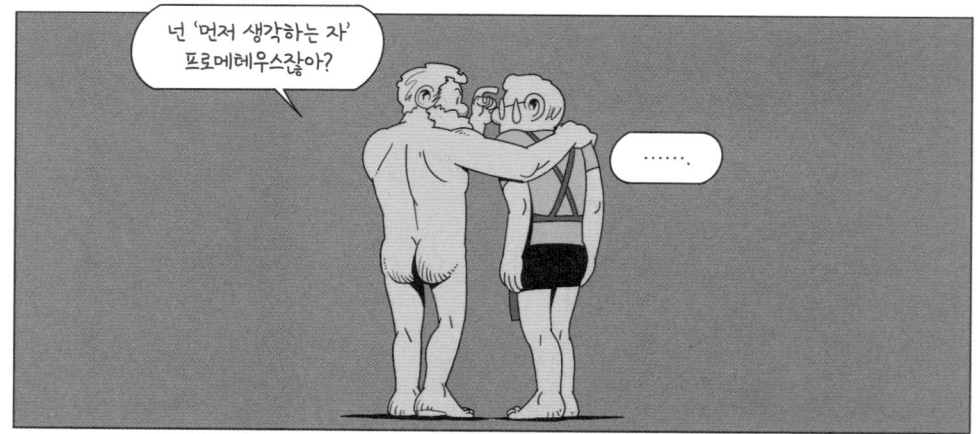

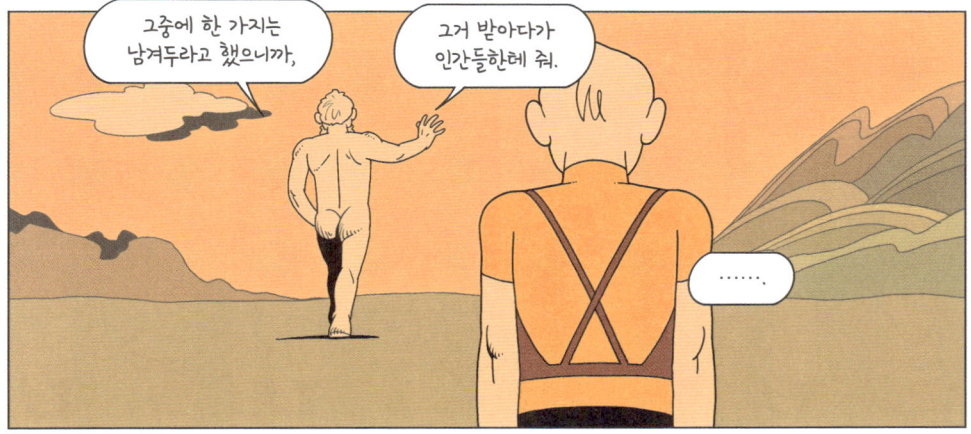

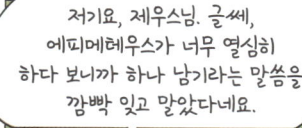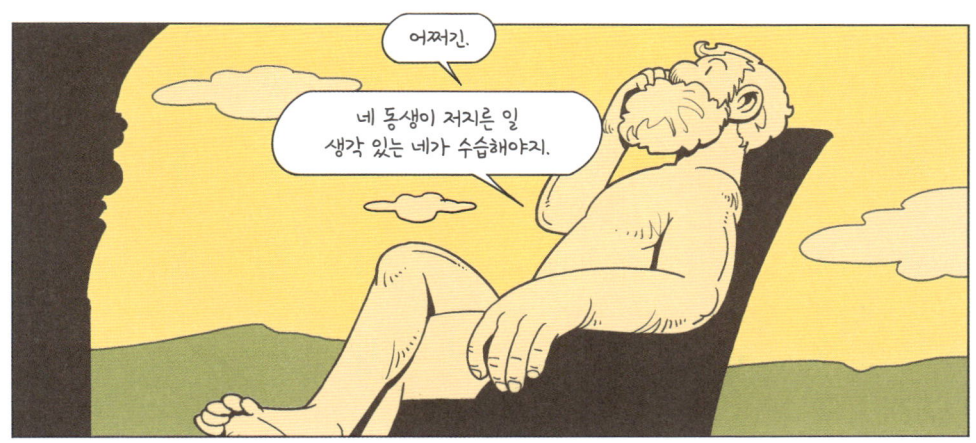

제8장
아테나의 한숨

"이아페토스의 아들이여,
어느 누구보다 꾀 많은 자여,
그대는 나를 속여 불을 훔치고는 좋아하고 있구려.
하나 그것은 그대 자신에게도
후세의 인간들에게도 큰 화근이 되리라."
- 헤시오도스, 《일과 날》

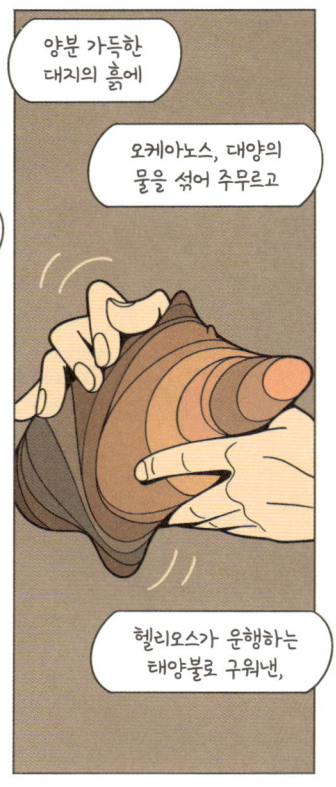

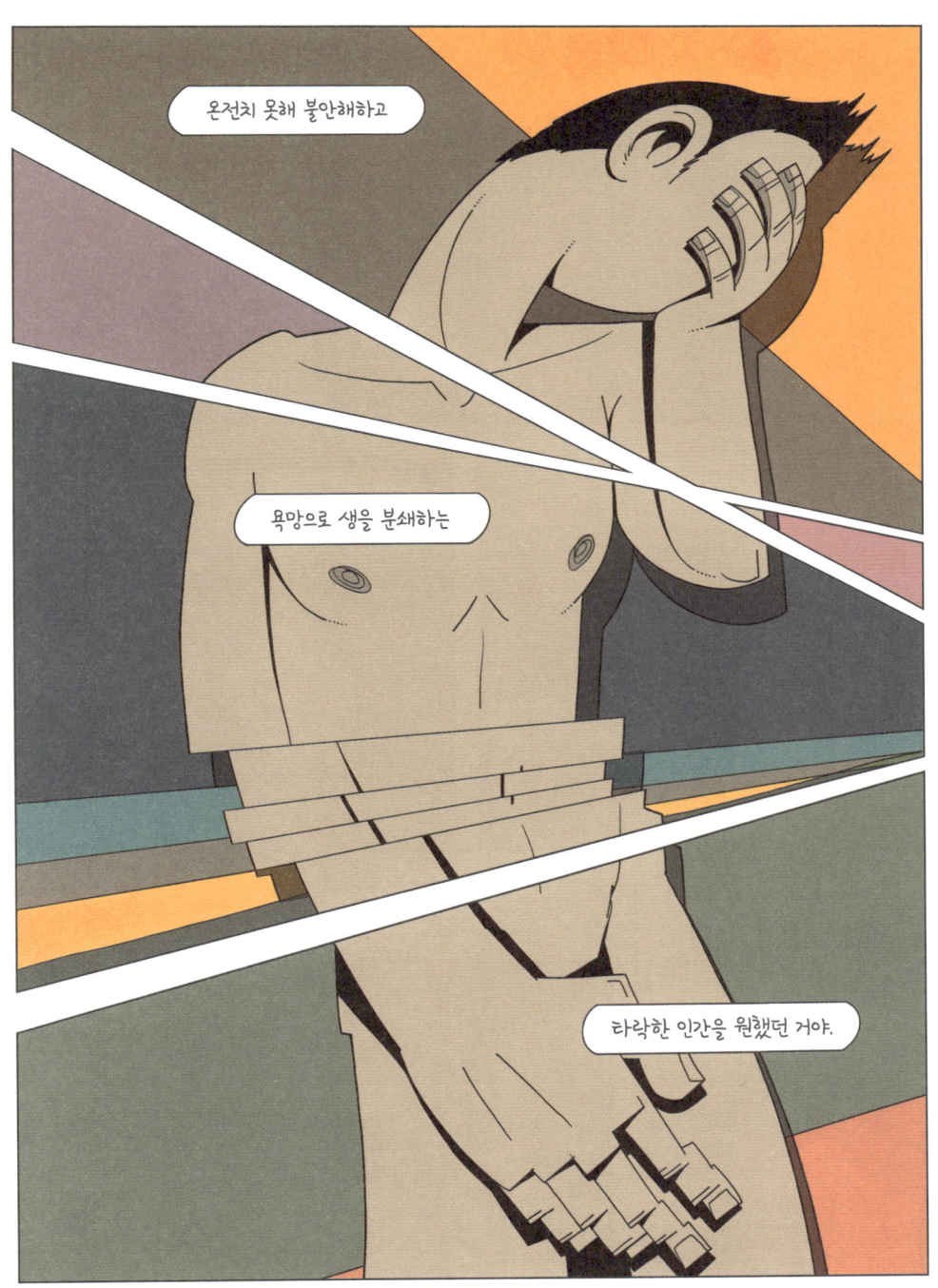

제9장
선물

"요란하게 천둥 치시는 제우스의 뜻에 따라,
이 여자를 판도라라고 이름 지었으니,
올림포스의 집들에 사시는 모든 신들께서
빵을 먹고 사는 인간들에게 고통이 되도록
그녀에게 선물을 주셨던 것이오."

– 헤시오도스, 《일과 날》

닉스의 시간.

알지? 닉스는 밤의 여신이야.

올림포스의 신들은 늦은 만찬을 즐기면서 화기애애한 담소를 나누고 있었지.

아버지! 집구석이 왜 이 모양입니까?

아레스, 넌 뭐가 불만인데?

내가 저 혼외 자식 놈들과 겸상을 해야겠냐고요!

그럼 먹지 마.

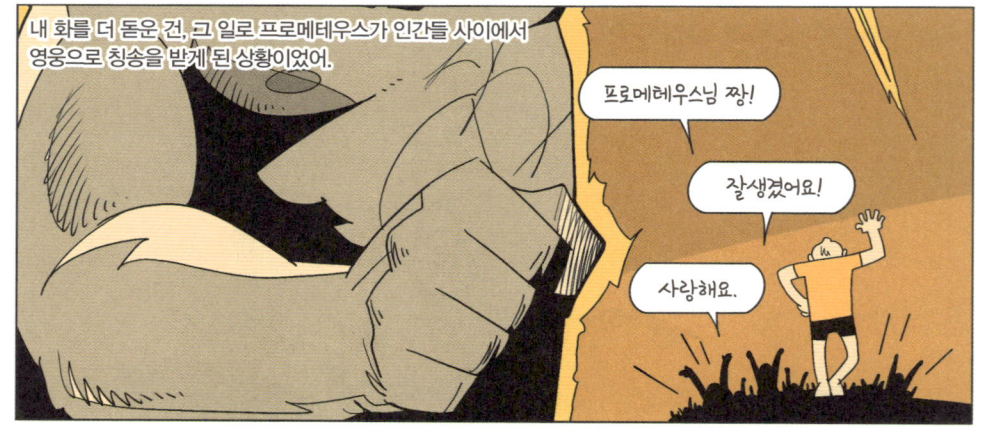

제10장
판도라

―

"판도라가 모든 불행과 악의 근원이라 하더라도
남자들은 여자 없는 천당보다
차라리 여자와 함께
지옥에 가는 것이 더 나을 것이다."

- 유재원, 《유재원의 그리스 신화 1》

경이로운 첫 번째 여자가 완성된 거야.

제11장
걸려들다

"가파르고 손쓸 수 없는 함정을 완성하자
아버지께서는 신들의 날랜 사자를 보내
에피메테우스에게 선물을 가져다주게 하셨소."
- 헤시오도스,《일과 날》

부질없는 당부를 몇 번이나 해대면서.

그 순간은 프로메테우스도 생각이 멈춰지고 공허한 푸념만 한차례 내질렀을 거야.

제12장
뚜껑 열리다

"여자가 두 손으로 항아리의 큰 뚜껑을
들어 올려 그런 것들을 모두 내보내니,
인간들에게 그녀는 큰 근심을
안겨주었던 것이오."

- 헤시오도스, 《일과 날》

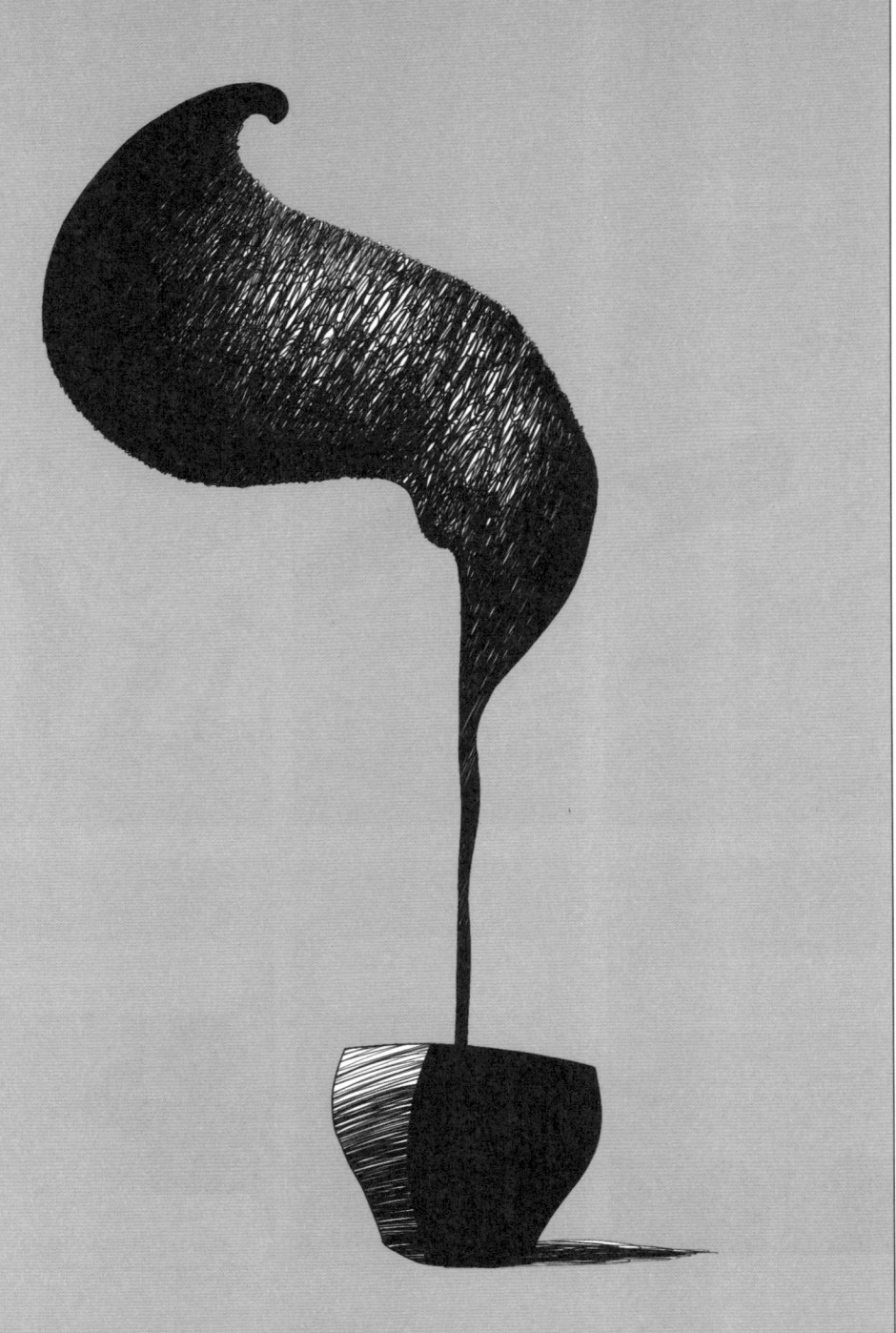

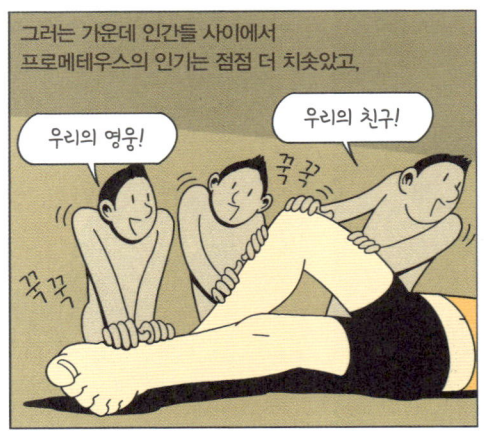

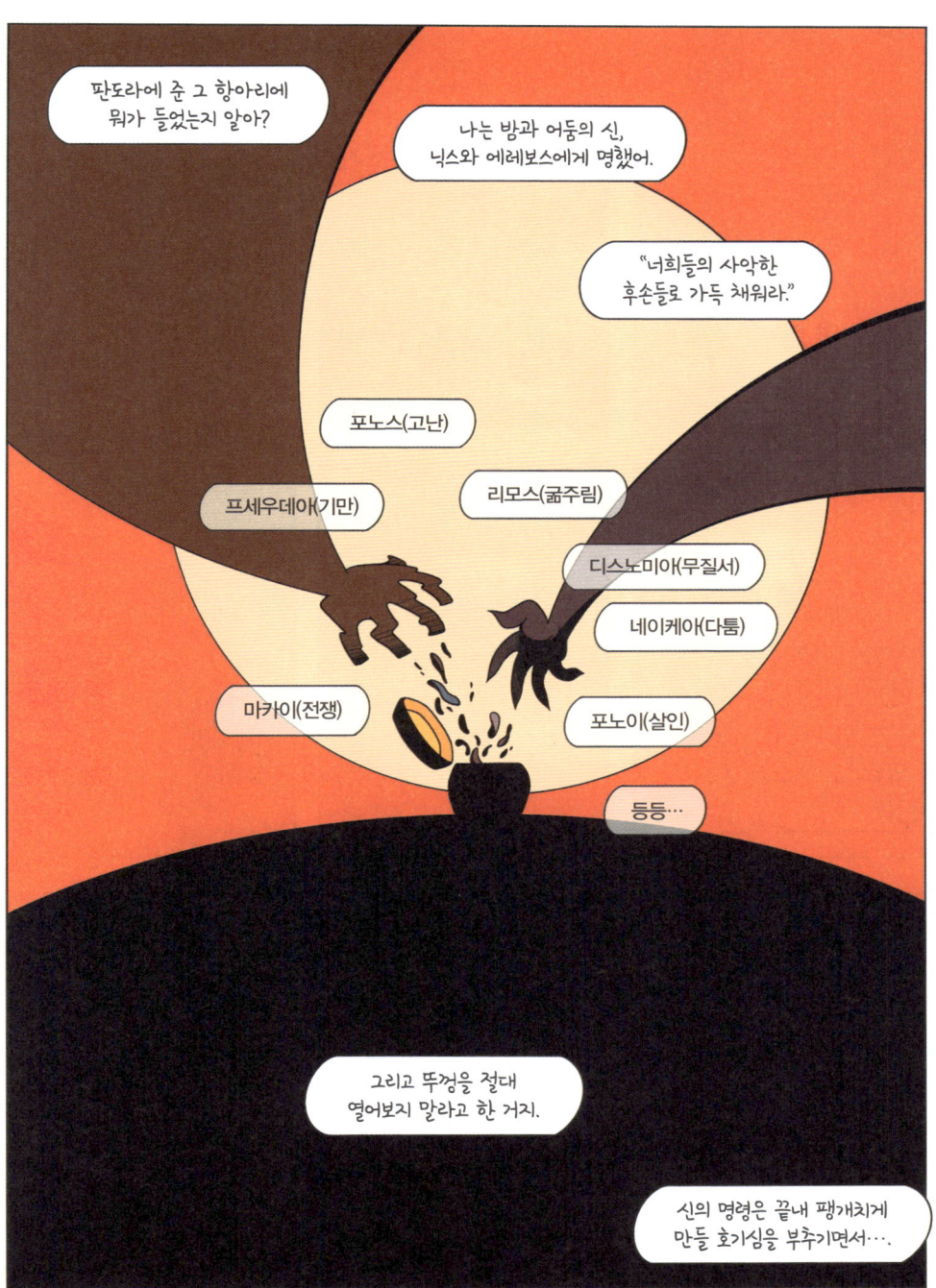

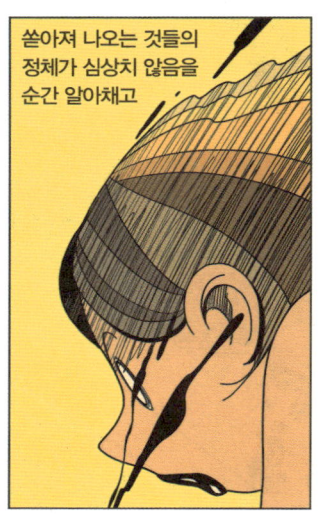

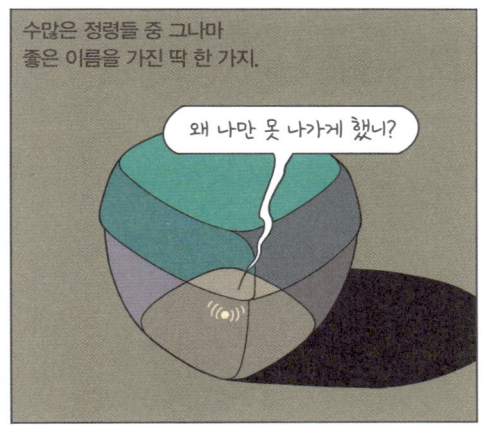

제13장
희망의 두 얼굴

"그 안에 아직도 남아 있다는 희망이 좋은 것인지,
아니면 다른 나쁜 것들과 함께 있었으니
그것도 나쁜 것인지, 또 그것이 거기 남아 있으니
이 세상에 희망이 있다는 것인지,
아니면 나오기 전에 뚜껑이 닫혔으니
이 세상에는 희망이 없다는 것인지 모두 분명하지 않다."

- 강대진, 《그리스 로마 신화》

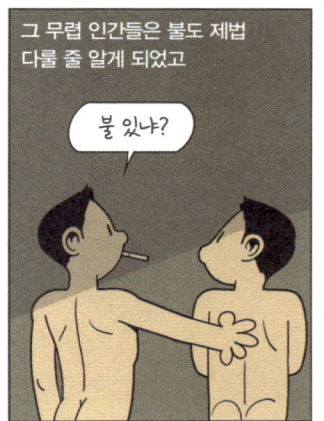

제14장
빌미

"사악한 폭행과 무자비한 행동에
전념하는 자들에게는
크로노스의 아드님
멀리 보시는 제우스께서 벌을 내린다오."
- 헤시오도스,《일과 날》

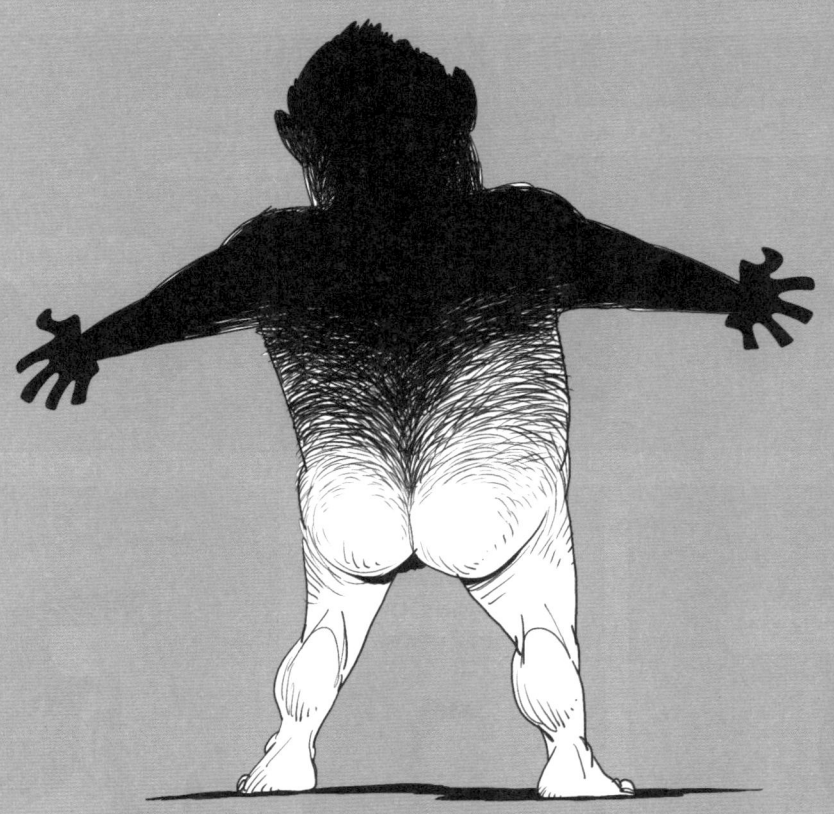

제15장
홍수

"신들의 노여움을 가라앉힐 수 있다면,
테미스 여신이시여,
어떤 방법으로 절멸한 우리 종족을
되살릴 수 있는지 말씀해 주소서.
가장 자비로운 여신이시여,
물에 잠겼던 이 세상을 도와주소서."

- 오비디우스, 《변신 이야기》

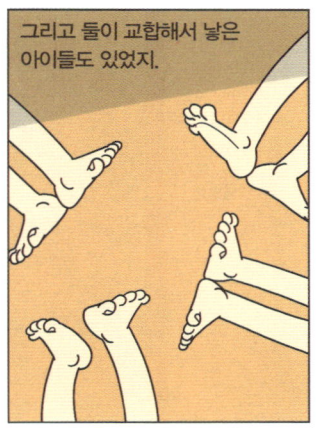

제16장
형벌

"제우스는 프로메테우스의 몸뚱이를
스퀴티스 땅에 있는 카우카소스 산에다
꽁꽁 묶어놓도록 명령했다.
날마다 독수리가 내리 덮쳐
그의 간잎을 먹어치웠다.
그러나 밤이 되면 그것은 도로 자라났다."

- 아폴로도로스, 《비블리오테케》

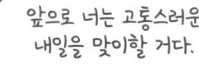

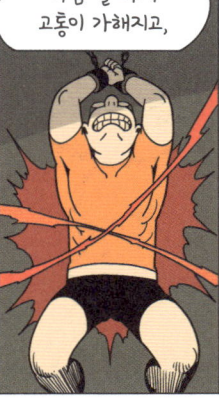

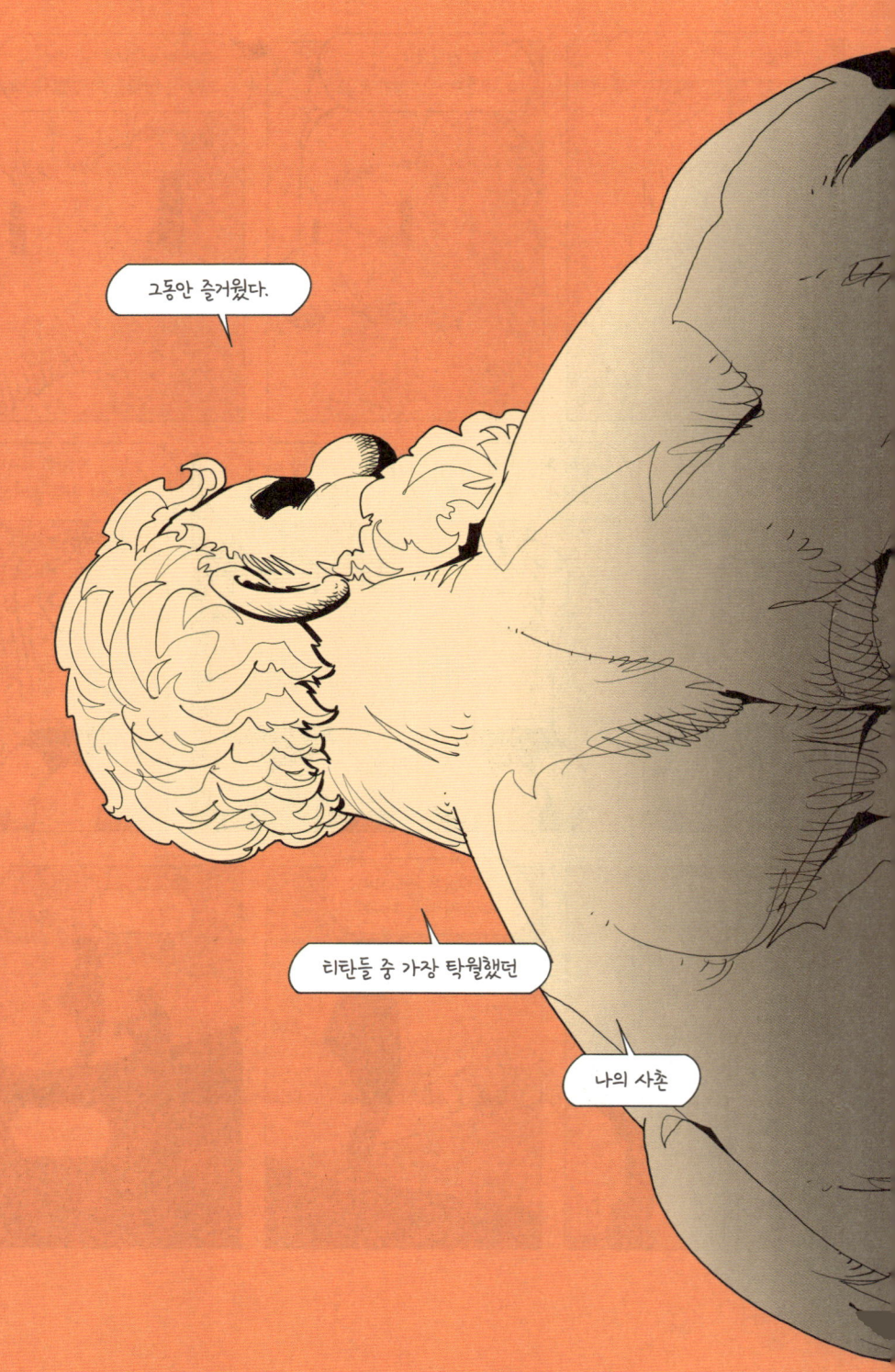

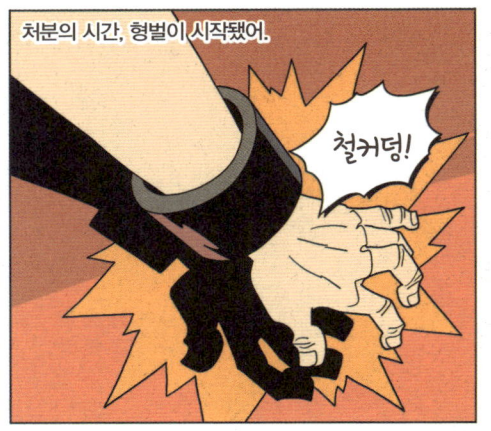

제17장
전쟁의 서막

"높은 하늘도 대지보다 안전한 곳은 못 되었으니,
기가스들이 하늘나라의 통치권이 탐나
산을 차곡차곡 쌓아 올리고는
높은 별들이 있는 데까지 돌진했다고 한다."
- 오비디우스, 《변신 이야기》

알키오네우스!

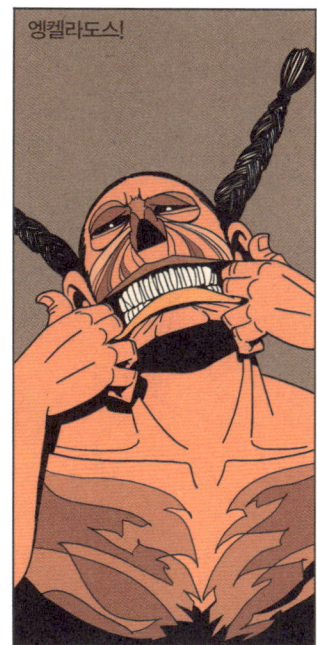
엥켈라도스!

에우뤼메돈!

포르퓌리온!

에피알테스!

그밖에 굳이 이름을 몰라도 되는 수많은…

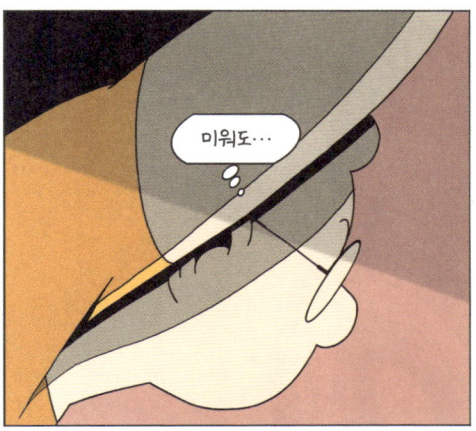
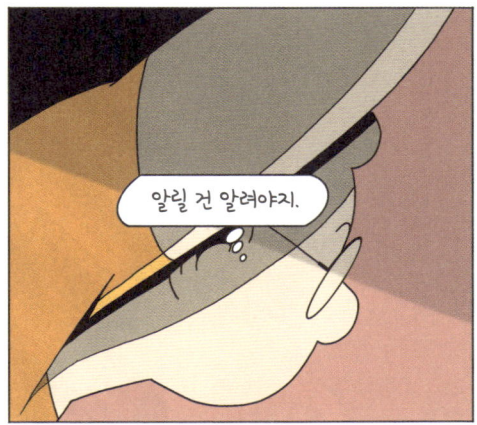

제18장
기간토마키아

"그에 따르면 신들의 손에 의해서는
어떤 기가스도 죽지 않을 것이나
만약 죽음을 면할 수 없는 인간이
신들을 도와 싸워준다면
기가스들은 최후를 맞이한다는 것이다."
- 아폴로도로스, 《비블리오테케》

헤라클레스!

제19장
소환되는 헤라클레스

"가이아는 기가스들이 인간에 의해
파멸하지 않게 해줄 약초를 찾았다.
그러나 제우스가 선수를 써서
새벽의 여신과 달의 여신과 헬리오스에게
세상을 비추지 못하도록 하고
손수 그 약초를 채취한 다음
아테네를 보내 헤라클레스를 동맹자로 불러오게 했다."

- 아폴로도로스, 《비블리오테케》

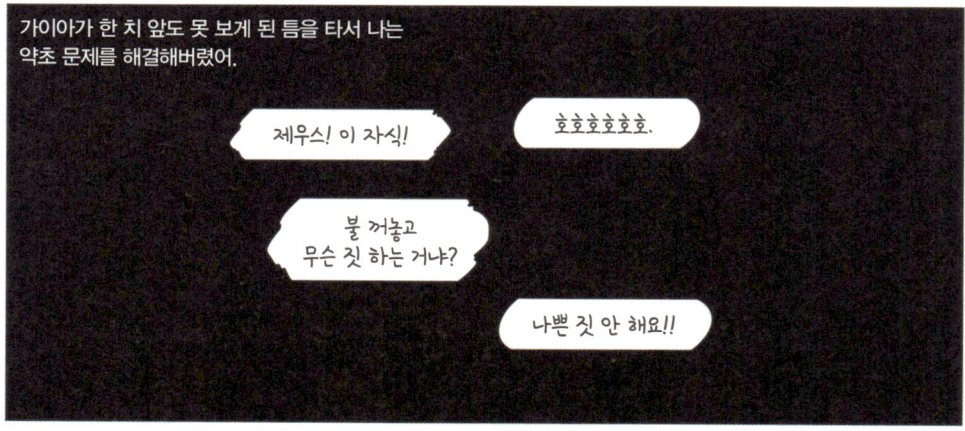

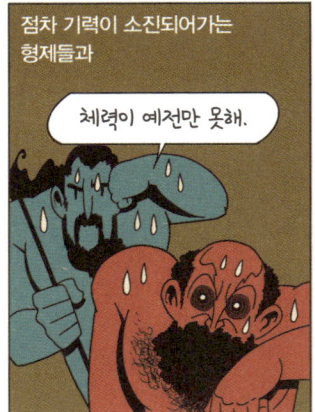

제20장
일단락

"헤라클레스는 먼저 알키오네우스한테
화살을 쏘았으나 알키오네우스는
땅 위에 쓰러지며 약간 기운을 회복했다.
이때 아테네의 조언에 따라
헤라클레스가 그를 팔레네 밖으로 끌어냈다."

- 아폴로도로스, 《비블리오테케》

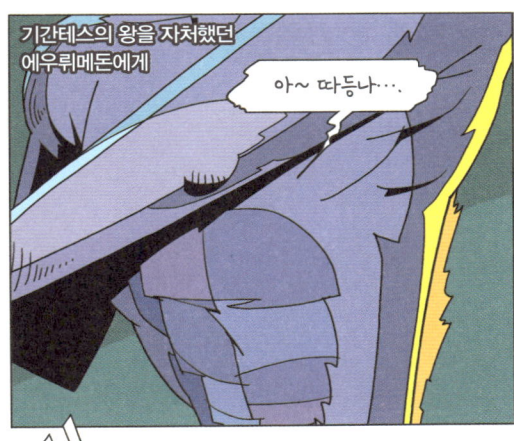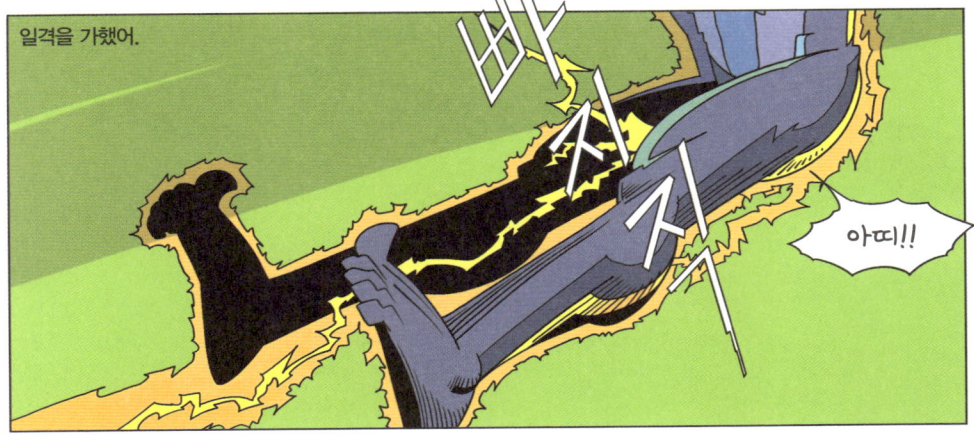

기가스들은 하나둘씩
땅으로 돌아가 흙에 묻혀버렸어.

제21장
끝나지 않은…

"신들이 기가스들을 모두 제압하자
가이아는 더욱더 화가 나서
타르타로스와 살을 섞어
킬리키아에서 반인반수의 튀폰을 낳았다."
- 아폴로도로스, 《비블리오테케》

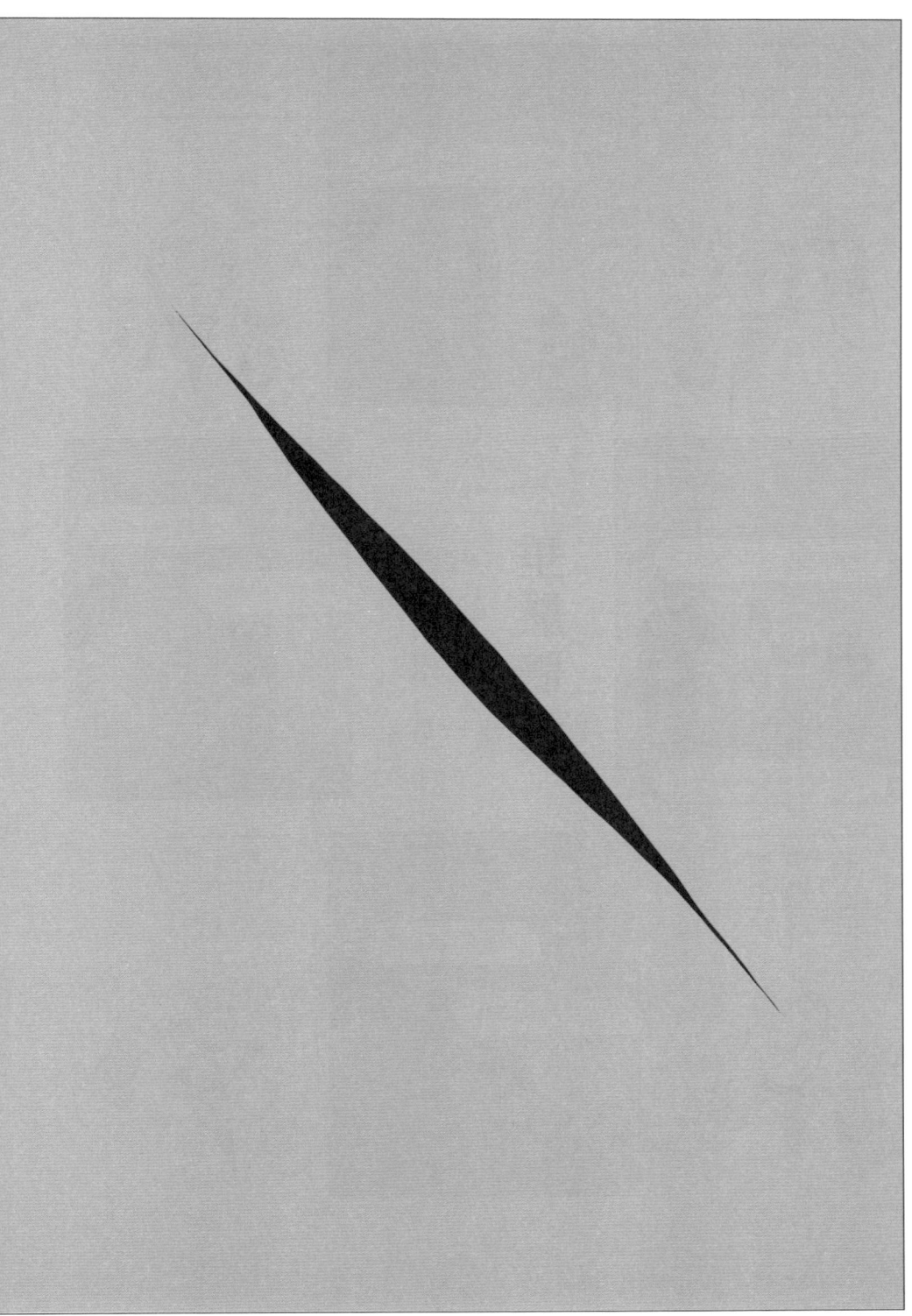

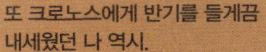

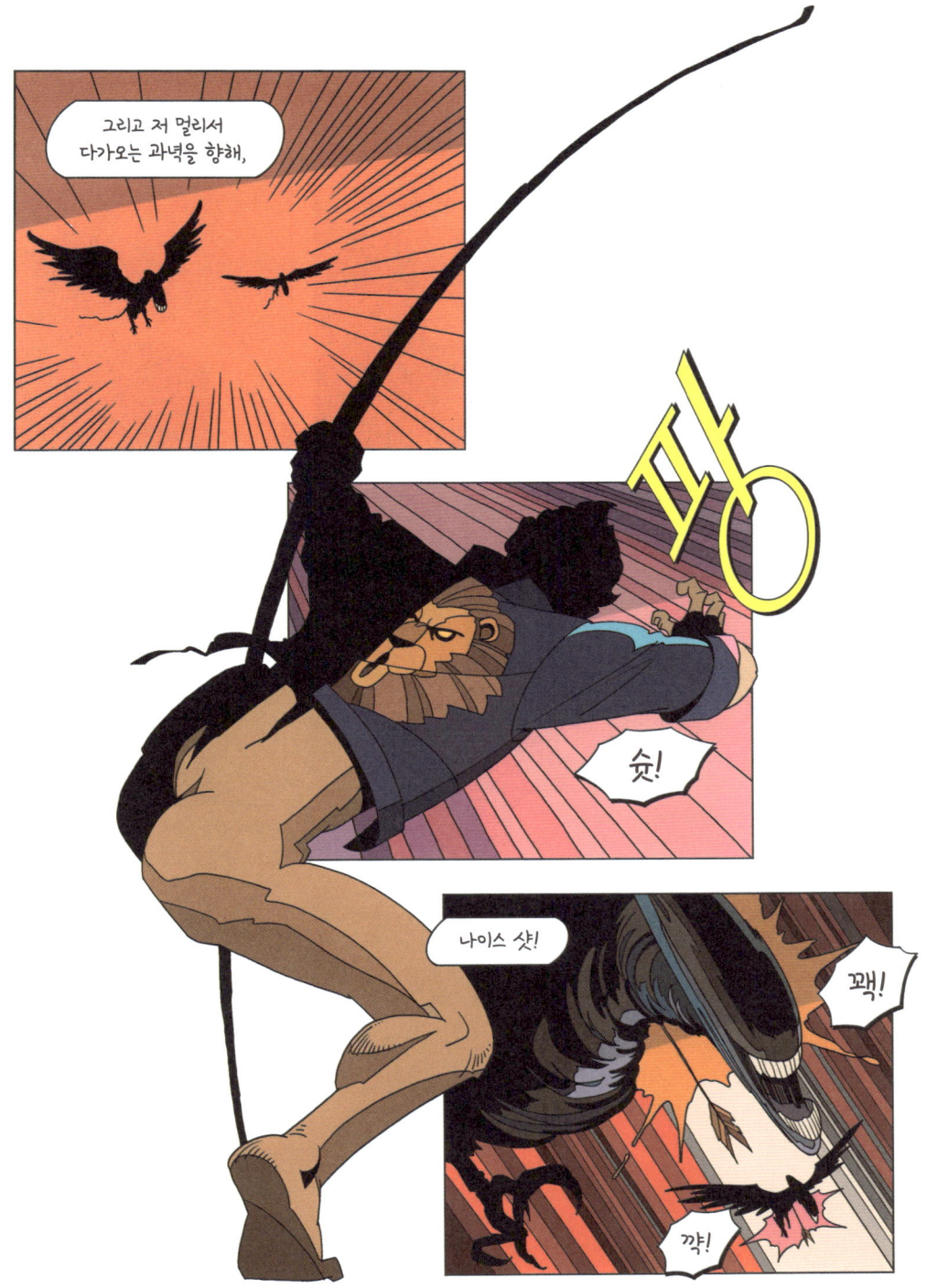

제22장
튀폰

―

"거대한 가이아는 타르타로스와
사랑으로 교합하여 막내둥이로서 튀폰을 낳았다.
그의 팔은 큰일을 해낼 수 있을 만큼 강했고,
이 강력한 신의 다리는 지칠 줄 몰랐다.
그의 어깨에는 검은 혀를 날름거리는
백 개의 뱀 머리가 나 있었고,
괴상한 머리에 있는 눈들은 눈썹 밑에서 불을 번쩍였다."

- 아폴로도로스, 《비블리오테케》

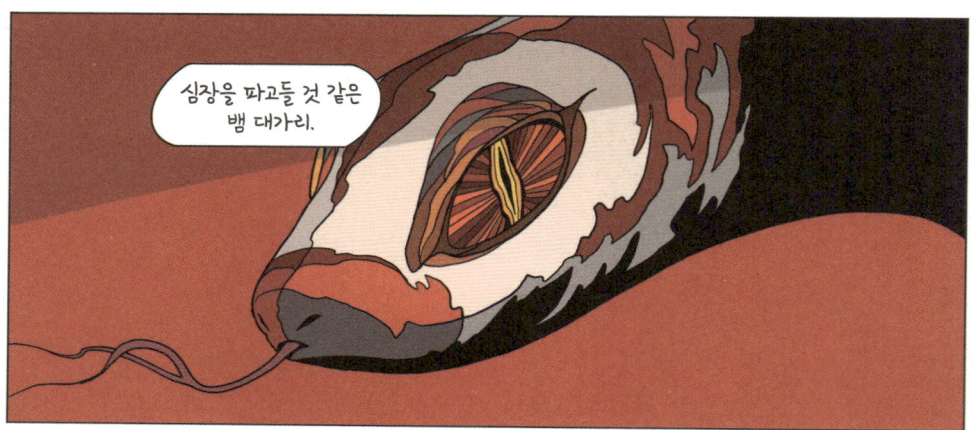

가늠할 수 없을 정도로
거대하게 솟은 몸뚱이.

아득한 곳에서 태풍의
눈처럼 휘몰아치는 눈깔.

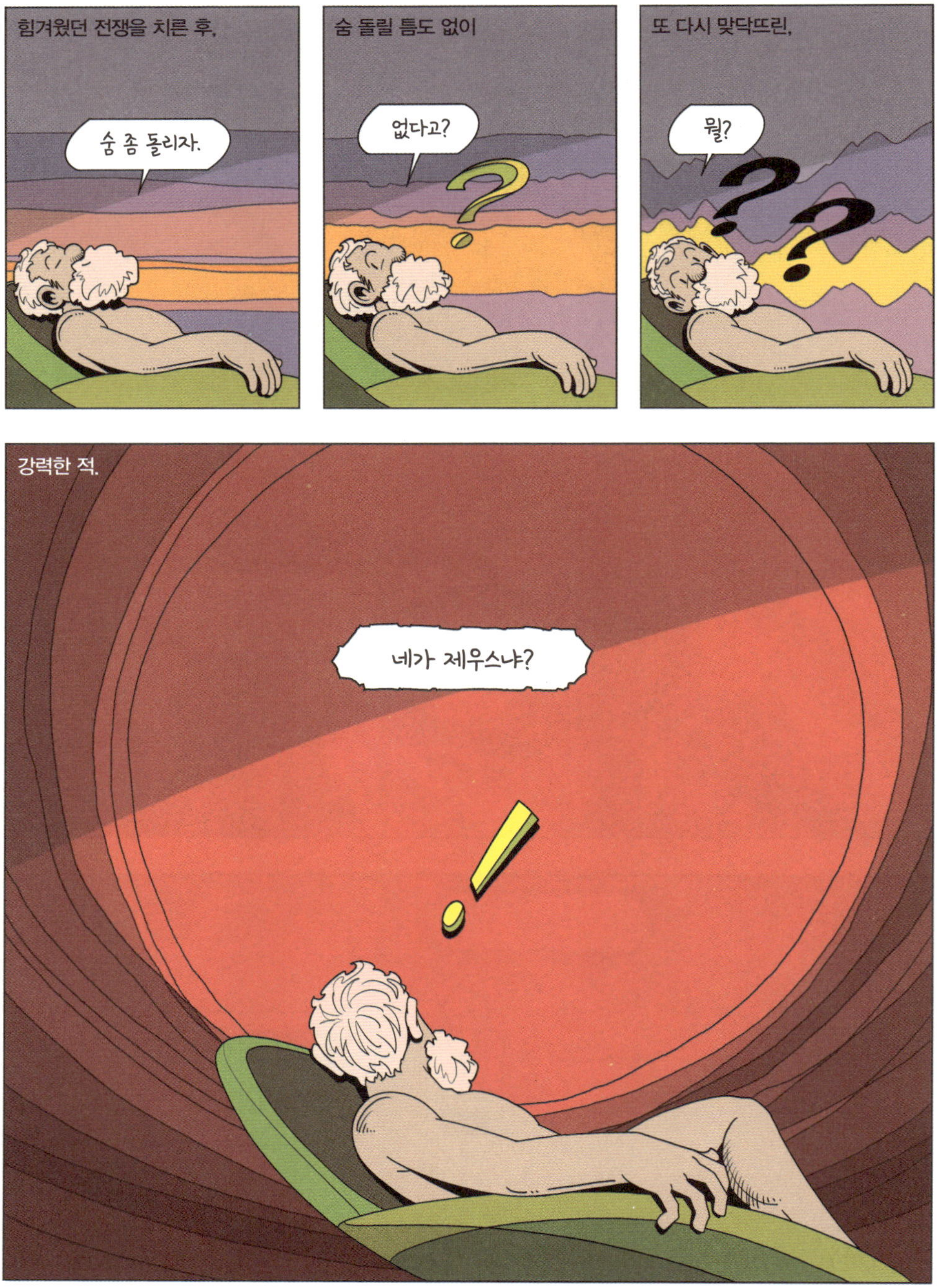

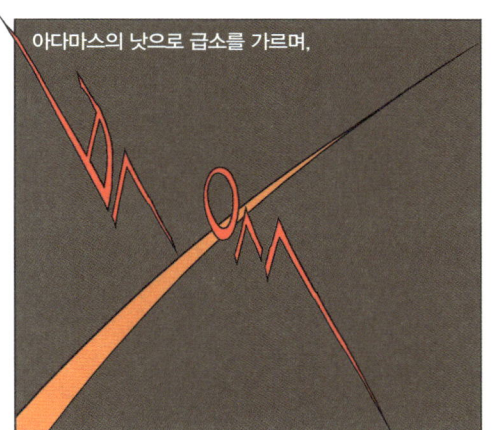

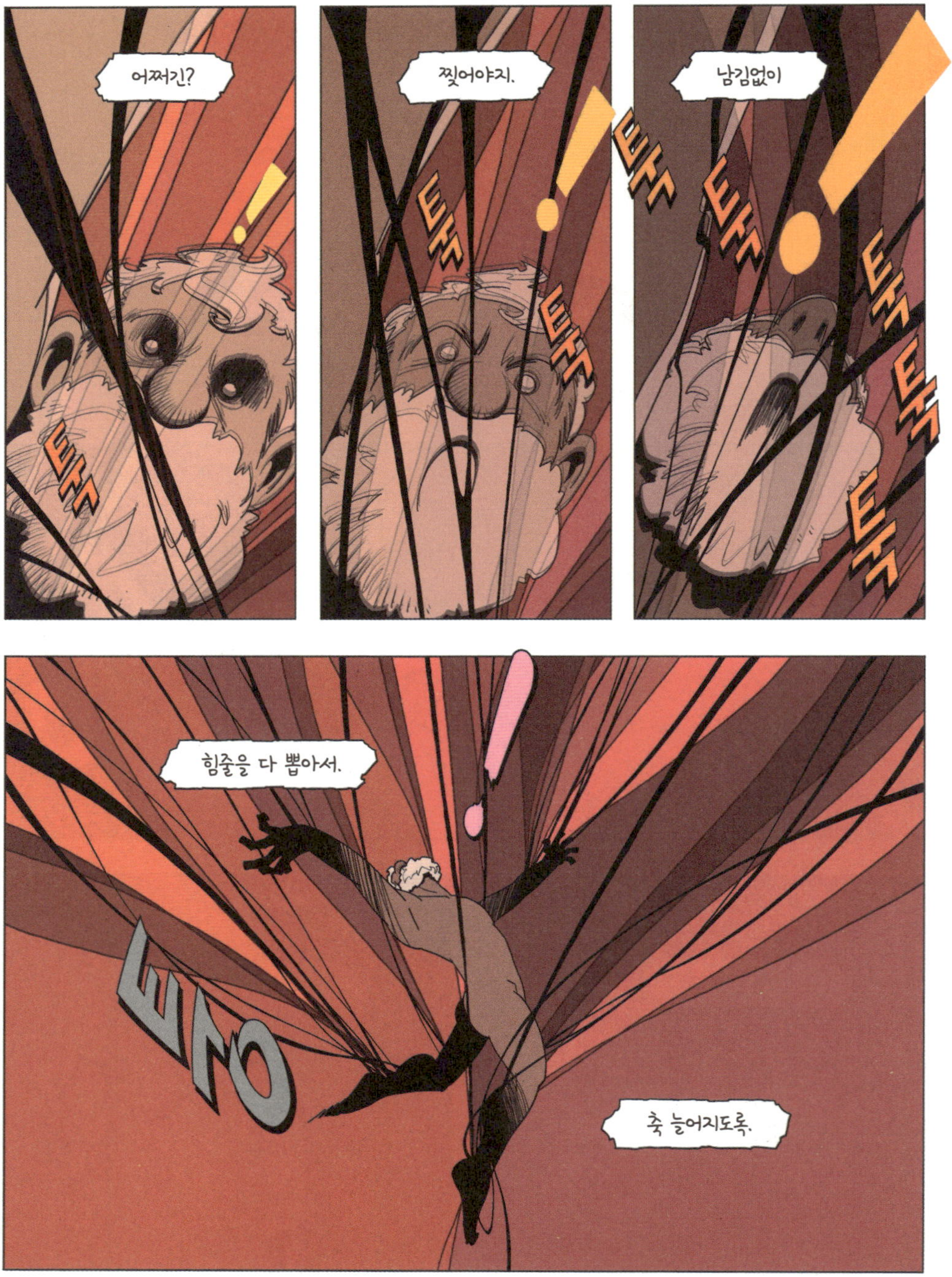

엄마, 나 제우스 잡았어요.

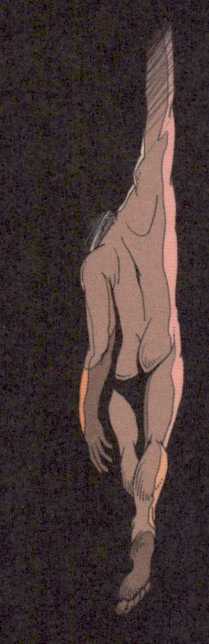

제23장
헤르메스의 재능

"튀폰은 제우스의 힘줄들을 곰 가죽에 싼 다음
그곳에 갖다 놓고 반은 짐승이고
반은 소녀인 델퓌네라는 암용으로 하여금
그것들을 지키게 했다.
그러나 헤르메스와 아이기판이 힘줄을 몰래 빼돌려
제우스에게 도로 붙여주었다."

- 아폴로도로스, 《비블리오테케》

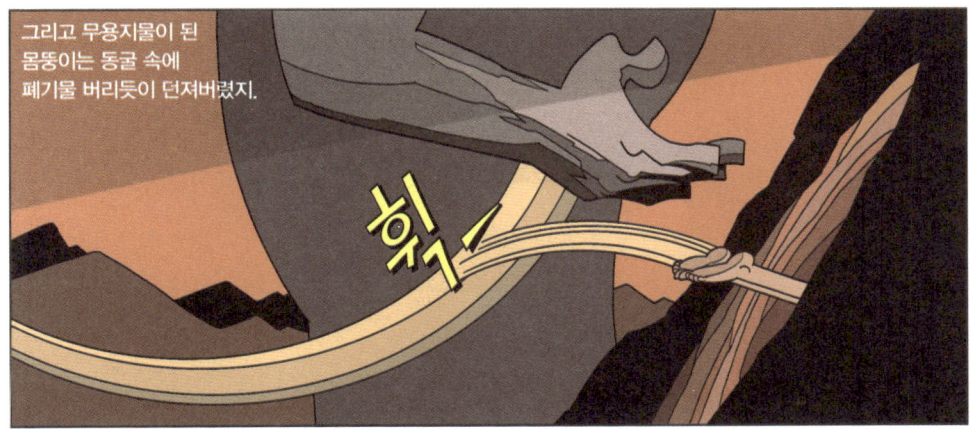

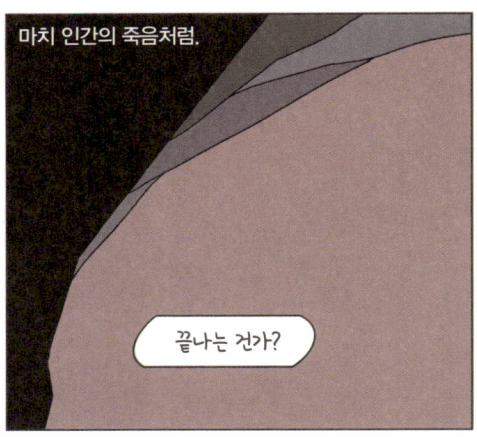

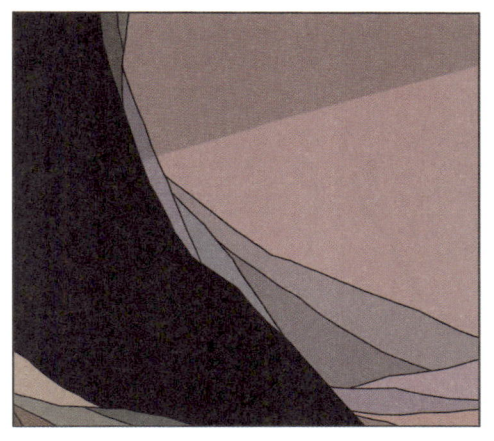

제24장
끝

"튀폰이 시켈리아의 바다를 건너
도망치기 시작하자 제우스는 시켈리아에서
그를 향해 아이트네 산을 던졌다.
그것은 큰 산으로 그곳에서는
오늘날에도 불길이 솟아오르는데
그것은 제우스가 던진 벼락에서 나오는 것이라고 한다."

- 아폴로도로스,《비블리오테케》

역시나 막막하고 암담했어.

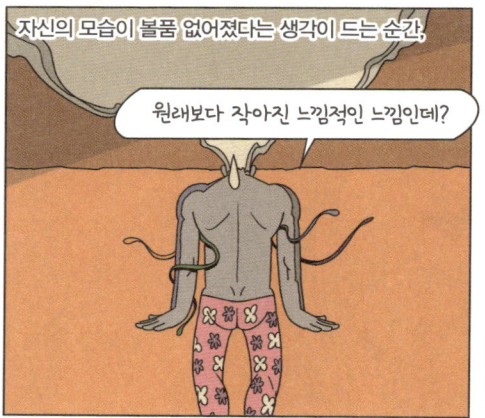

제25장
남겨진 신탁

"그녀에게서 태어나는 아들은
아버지보다 더 강력할 것이라는 테미스의 예언,
그녀가 낳아줄 아이는
하늘의 통치자가 될 것이라고
프로메테우스가 말해주었다고 한다."
- 아폴로도로스, 《비블리오테케》

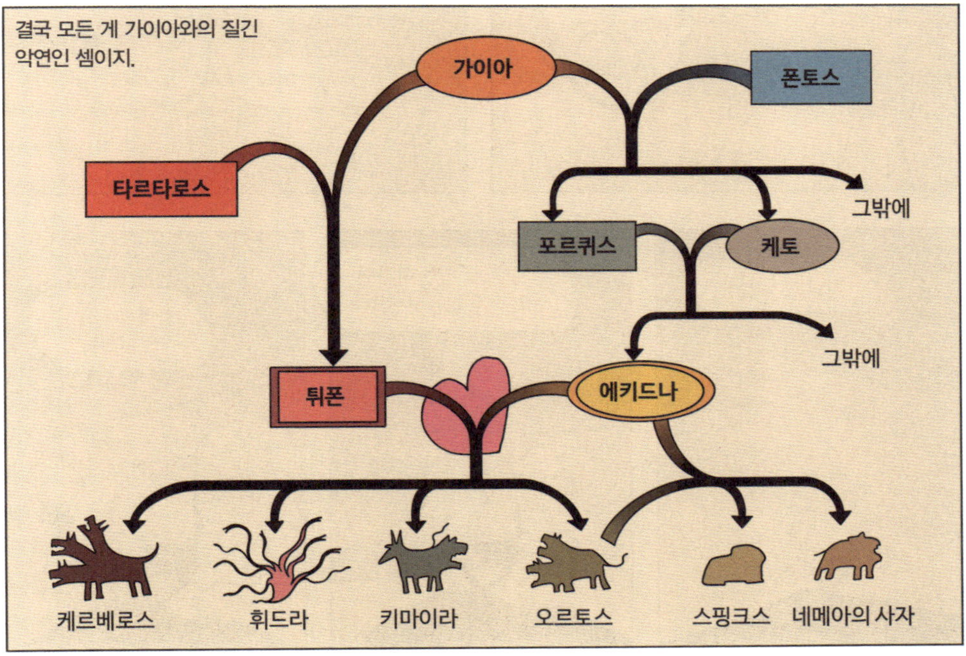

——— 작가의 말 ———

맨해튼 프로젝트의 책임자였고 미국 핵폭탄의 아버지라 불린 오펜하이머의 삶을 조명한 평전 제목이 《아메리칸 프로메테우스》입니다. 인류가 전에 겪어보지 못한 가공할 위력을 가진 불을 세상에 가져다주었다는 뜻으로 붙인 제목일 겁니다.

그런데 막상 개발에 성공한 핵폭탄이 수많은 사람들의 목숨을 앗아가고 무분별한 핵실험이 인간의 터전을 훼손할 위험이 있음을 사후에 경고하고, 반성 어린 태도를 취했다면 오펜하이머의 일대기는 반쪽짜리 프로메테우스입니다. 나머지 반은 오히려 뒤에 후회하는 에피메테우스의 행태이지요. 후회라는 건 필멸할 존재인 인간의 한계임과 동시에 반성과 성찰을 수반한다는 점에서 불멸하는 신들에게 없는 덕목이기도 합니다.

    프로메테우스는 앞을 내다보며 행하는 일에 소신을 가지고, 설령 그 일로 인해 세상사 누구에게 불행이 닥친다 해도 후회하진 않는 신입니다.

    반출 금지령이 내려진 불을 인간 세상에 전해준 죗값으로 제우스가 처벌한 고통을 겪었을지언정 프로메테우스는 그 일로 자책하거나 스스로 고뇌하지 않았습니다. 그런 점에서 어떤 인간도 온전한 프로메테우스가 될 수는 없습니다. 다만 주어진 삶의 조건에 안주하지 않고 집요하게 새로운 것을 탐하며 개선과 발전을 도모했다는 점에서 인간들은 프로메테우스가 훔쳐다 준 불의 본성을 잘 이행해왔다고 해석할 만합니다.

    우리는 그 불의 의미가 그저 고기를 굽고 추위를 이기는 용도가 아닌, 신이 알려주지 않은 세계를 이해하는 방정식을 세우는 이성이며 더 나은 변화와 혁신을 획책하는 진보의 본성이라는 걸 잘 알고 있습니다.

    프로메테우스가 제우스의 지배와 권위에 저항했던 것처럼 인간은 유익과 편의를 위해 신들의 육신이자 품행인 자연을 파헤치고 분석하며 생산에 활용합니다. 또 힘과 권위를 앞세운 어떠한 압제에도 굴하지 않고 합의된 윤리를 스스로 세우려고 부단히 애쓰

며 그 윤리마저 시대적 수명이 다하면 어김없이 전복을 꾀합니다.

그리스 신화에 빗대어 볼 때 인간의 삶은 프로메테우스 덕분에 어찌나 밝고 풍요로워졌는지요? 아니면 어쩌다 이 지경이 되어버렸는지요?

프로메테우스는 문제적 신입니다.

그토록 회자되는 프로메테우스 서사가 던진 문제를 함께 풀어보고자 쓰고 그린 이 만화가 신화와 더불어 인간사를 대하는 또 한 가지 바라봄이 되었기를 바랍니다.

2023년 여름

필율(筆律) 김재훈

참고문헌

- 강대진, 《그리스 로마 신화》, 지식서재, 2017.
- 구스타프 슈바브, 이동희 옮김, 《구스타프 슈바브의 그리스 로마 신화》, 휴머니스트, 2015.
- 김헌, 《신화와 축제의 땅 그리스 문명 기행》, 아카넷, 2021.
- 로베르토 칼라소, 이현경 옮김, 《카드모스와 하르모니아의 결혼》, 동연, 1999.
- 샤를 페팽 글, 쥘 그림, 조재룡 옮김, 《그리스 신화 백과사전》, 이숲, 2019.
- 소포클레스, 조우현 옮김, 《그리스 비극: 소포클레스 편》, 현암사, 2006.
- 스티븐 프라이, 이영아 옮김, 《스티븐 프라이의 그리스 신화(전3권)》, 현암사, 2019.
- 아이스킬로스, 이근삼 외 옮김, 《그리스 비극: 아이스킬로스 편》, 현암사, 2006.
- 아폴로도로스, 천병희 옮김, 《원전으로 읽는 그리스 신화》, 숲, 2004.
- 앤드루 달비, 박윤정 옮김, 《디오니소스》, 랜덤하우스코리아, 2004.
- 에디스 해밀턴, 서미석 옮김, 《에디스 해밀턴의 그리스 로마 신화》, 현대지성, 2017.
- 에우리피데스, 여석기 외 옮김, 《그리스 비극: 에우리피데스 편》, 현암사, 2006.
- 오비디우스, 천병희 옮김, 《변신 이야기》, 숲, 2017.
- 유재원, 《유재원의 그리스신화(전2권)》, 북촌, 2015.
- 이윤기, 《이윤기의 그리스 로마 신화(전5권)》, 웅진지식하우스, 2000.
- 장영란, 《장영란의 그리스 신화》, 살림, 2005.
- 천병희, 《그리스 비극의 이해》, 문예출판사, 2002.
- 최혜영, 《그리스 비극 깊이 읽기》, 푸른역사, 2018.
- 토머스 불핀치, 손명현 옮김, 《그리스 로마 신화》, 동서문화사, 2007.
- 헤시오도스, 김원익 옮김, 《신통기》, 민음사, 2003.
- 헤시오도스, 천병희 옮김, 《신들의 계보》, 한길사, 2009.
- 호메로스, 이상훈 옮김, 《오디세이아》, 동서문화사, 2016.
- 호메로스, 이상훈 옮김, 《일리아스》, 동서문화사, 2016.
- 호메로스, 천병희 옮김, 《오뒷세이아》, 숲, 2015.
- 호메로스, 천병희 옮김, 《일리아스》, 숲, 2015.